STEFAN WÜLSER +

Diese Buchreihe stellt Band für Band die Bauwerke von ausgewählten jüngeren Schweizer Architekturschaffenden vor, deren Arbeiten durch besondere Qualität überzeugen. Seit 2004 kuratieren wir die Reihe *Anthologie* in Form einfacher Werkdokumentationen. Sie ist vergleichbar mit der «Blütenlese», wie sie in der Literatur für eine Textsammlung vorgenommen wird. Es liegt in der Natur des Architektenberufs, dass die Erstlingswerke meist kleinere, übersichtliche Bauaufgaben sind. Sie sind eine Art Fingerübung, mit der junge Architekturschaffende das Erlernte anwenden und ihr architektonisches Sensorium erproben und entfalten können. Begabung und Leidenschaft für das Metier lassen sich dabei früh in voller Deutlichkeit und Frische erkennen. So stecken in jedem der kleinen und grossen Projekte inspirierte Grundgedanken und Vorstellungen, die spielerisch und zugleich perfekt in architektonische Bilder, Formen und Räume umgesetzt werden. Immer wieder wird mir dadurch bewusst, dass in der Architektur wie in anderen Kunstformen die Bilder und Ideen, die hinter einem Werk stehen, das Wesentliche sind. Es mag diese Intuition sein, die Kunstschaffende haben, die über ihr Werk wie ein Funke auf die Betrachtenden überspringt, so wie es der italienische Philosoph Benedetto Croce in seinen Schriften eindringlich beschrieben hat.

Heinz Wirz
Verleger

Each volume in this series presents buildings by selected young Swiss architects whose works impress with exceptional quality. Since 2004, we have been curating the *Anthologie* series by simply documenting their oeuvre. The series can be compared to a literary anthology presenting a collection of selected texts. It is in the nature of the architectural profession that early works are mostly small, limited building tasks. They are a kind of five-finger exercise in which the young architects apply what they have learnt, as well as testing and developing their architectural instincts. Talent and a passion for the profession can be seen at an early stage in all of its clarity and freshness. Each project, be it large or small, contains an inspired underlying concept and ideas that are playfully and consummately implemented as architectural images, forms and spaces. Thus, I am regularly reminded that in architecture, as in other art forms, the essence of a piece of work is formed by the images and ideas upon which it is based. Perhaps this is the same intuition described so vividly by the Italian philosopher Benedetto Croce, one that is absorbed by the artist and flies like a spark via the work to the viewer.

Heinz Wirz
Publisher

STEFAN WÜLSER +

QUART

EREIGNIS DER KONSTRUKTION

Tibor Joanelly

Stefan Wülsers Architektur könnte man als «flach» bezeichnen. Und zwar nicht im Sinne der Abwesenheit eines Reliefs, sondern ontologisch: im Sinne dessen, was die Elemente der Entwürfe und Bauten darstellen und vor allem im Sinne dessen, was sie sind: nämlich sie selbst – Elemente, Objekte mit Eigenwert – und damit alle gleich wichtig, gleichwertig. Eine solche Zuschreibung bedarf wohl einer Erklärung. Die Architektur beginnt mit dem Entwurfsprozess und nicht bei den Dingen, die zum Schluss in die Welt gesetzt sind. Alle Aspekte einer Aufgabe, alle Gegebenheiten und Ressourcen erhalten durch diesen Prozess des Sichtens und Erwägens gleichermassen Aufmerksamkeit und Bedeutung. Das impliziert auch, dass die Widersprüche der Welt, in der entworfen wird, erst einmal nicht ausgeräumt sind und in der Schwebe bleiben. Aus dieser Assemblage kristallisieren «Lösungsinseln»; Ansätze, wie das eine oder andere Problem angegangen werden kann.

    Der eigentliche Entwurf ereignet sich dann in und zwischen den Dingen. Weil die Widersprüche der Welt bei uns Menschen nach «Inseln» der Ordnung rufen, entstehen bei Wülser mit voranschreitender Arbeit Objekte, die sowohl auf die Problemstellung referenziert sind, als auch mit den Mitteln der Architektur stark auf sich selbst verweisen, Eigenwert erhalten. Vieles erinnert an Entwürfe der russischen Avantgarde in den 1920er Jahren; vieles ist aus Objekten zu Objekten montiert, zeitlich zusammengeführt, kollidiert, wieder auflösbar. Zwischen den Dingen «passiert etwas». Aber es wäre falsch, hier von Collage zu reden. Die Dinge sind vermittelt, sie beeinflussen einander, verändern sich gegenseitig – um zu Assoziationen zu werden, zu neuen Ganzheiten (die wiederum Teile von Ganzheiten sind). So schaffen sie Räumlichkeit, oder etwas genauer: Materiewolken, habitable Räume, Zonen. Am deutlichsten wird das Ereignis der Konstruktion in den axonometrischen Zeichnungen: Vorhandenes, Hinzugefügtes, Mineralisches, Technisches und Pflanzliches überlappt sich, überschiebt sich, ist gespreizt, verschachtelt, verschattet und wird verschattet – dreidimensional, reliefiert, flach.

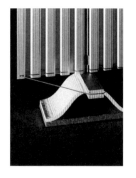

ACT OF CONSTRUCTION

Tibor Joanelly

Stefan Wülser's architecture can be described as "flat". This is not in the sense of lacking depth, but is meant ontologically, in the sense of what the elements of the designs and buildings depict, and even more in the sense of what they are, meaning they are themselves; elements, objects with intrinsic value, and thus of equal importance, equally valuable. This form of valuation requires an explanation. Architecture begins with the design process, not with the objects that are finally put out into the world. All aspects of a design problem, all its conditions and capabilities, receive the same attention and meaning through the process of seeing and considering. This also implies that the contradictions of the world in which design takes place are not immediately resolved but remain in limbo. Out of this assemblage, "islands of resolution" crystallise and become approaches for working on one problem or another.

Designing then takes place in and between the things. Because the contradictions of the world call out to us humans for "islands" of order, as Wülser's work progresses, objects emerge that refer both to the problem and, through the means of architecture, strongly refer to themselves, acquiring intrinsic value. It is reminiscent of the designs of the Russian avant-garde of the 1920s: much of which appears to be one object assembled to another, brought together in time, colliding, dissolving again. Between the objects, something "happens". It would be wrong, however, to call them collages. The objects are mediated, they influence each other, change each other, becoming associations, new entities – themselves part of other entities. They create spatiality, or more specifically, clouds of matter, habitable spaces and zones. The act of construction becomes clearest in the axonometric drawings: existing, added, mineral, technical and vegetal overlap, superimpose, are braced, nested, shaded and provide shade – three-dimensional, with depth, and flat.

HAUS, BASSERSDORF
2020

Zwischen Siedlungsraum und Waldrand steht das neue Haus auf den Grund-
mauern des alten. Es stellt eine Balance zwischen ortspezifischer Raumdisposi-
tion und konstruktiven Gestaltungsprinzipien her, die den inhärenten Eigen-
schaften der verwendeten Elemente Rechnung trägt. Das mit vorfabrizierten
Holzelementen errichtete Schmetterlingsdach öffnet sich nach Süden mit einem Ausblick in die Landschaft und im Norden zum kühlenden Grün. Unterschiedliche Bauteile wie Vordächer, Fenster, Dachränder und Beschattungen
sind zueinander wie auch zum kompakten Gebäudevolumen komponiert und
verleihen dem Haus einen additiven Charakter.

HOUSE, BASSERSDORF
2020

Located at the edge of the city and the forest, the new house is built
on the foundations of a previous building. It strikes a balance between
site-specific spatial disposition and constructive design principles that
take into account the inherent properties of the elements used. The
butterfly roof, constructed with prefabricated wooden elements, opens
to the south with a view of the landscape and to the north into cool-
ing green. Various building components such as canopies, windows, roof
edges and solar shading are composed in relation to each other as well as
to the compact building volume, giving the house an additive character.

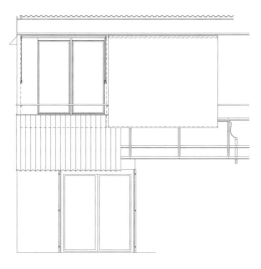

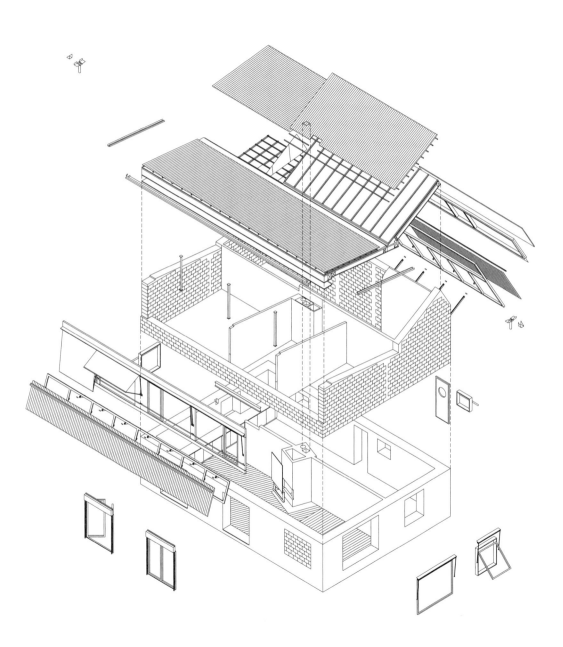

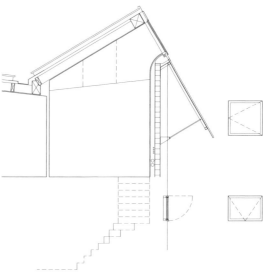

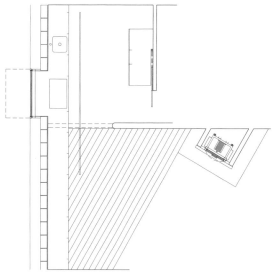

SOLARPAVILLON, WEESEN
2022

Als Ergänzungsbau einer Villa am Walensee entstand ein prototypischer Solar-pavillon, der am Eingang des Anwesens steht und dem Haupthaus technische und funktionale Notwendigkeiten abnimmt. Seine geometrische Keilform leitet sich aus der Einspeisung der Wärme- und Elektroleitungen in den Boden ab, lässt Dach und Fundament verschmelzen und von der Gartenseite her als topo-grafische Falte in Erscheinung treten. Das Dach wurde ausschliesslich mit gene-rischen Bauteilen in Originallänge hergestellt, nichts wurde geschnitten oder verändert. So entstand eine Architektur, die einfach, direkt, aneign- und rück-baubar ist.

SOLAR PAVILION, WEESEN
2022

An addition to a villa on Walensee, this prototypical solar pavilion stands at the entrance to the property and provides the main house with tech-nical and functional services. Its geometric wedge shape is derived from the transmission of heat and electrical lines into the ground, allowing the roof and foundation to merge and appear as a topographical fold from the garden side. The roof is made exclusively with generic components in their original length; nothing has been cut or changed. The result is an architecture that is simple and direct and lends itself to be modified or deconstructed.

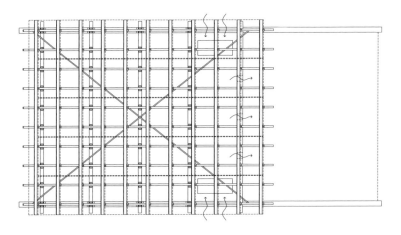

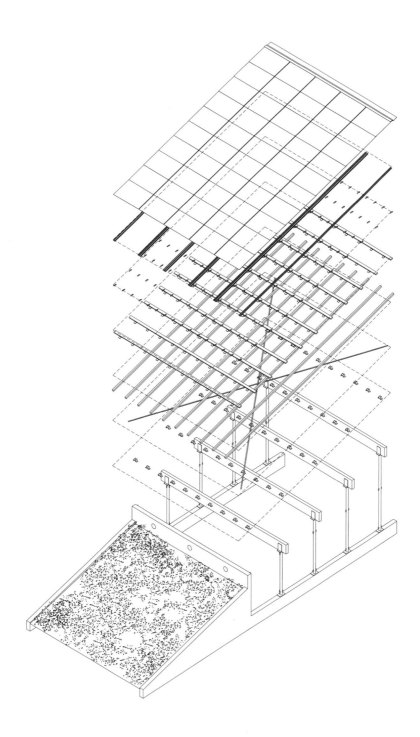

HAUS, RICHTERSWIL
2021

Das Arbeiterhaus aus den 1920er Jahren wurde mit bescheidenen Mitteln, jedoch radikalen räumlichen Eingriffen neu gedacht. Statt additiver Prinzipien kommen hier subtraktive Strategien zur Anwendung. Marode Bauteile und Räume wurden zugunsten grosszügiger Raumverbindungen entfernt. Auf drei Geschossen zeigen sich rund um das Rückgrat der neuen Haustechnik unterschiedliche Neuinterpretationen des früheren Grundrisses: im Erdgeschoss als Enfilade, im Mittelgeschoss als fragmentarischer Kammergrundriss und im Dachgeschoss als offener Raum. Die inszenierten Details nobilitieren die rohen und funktionalen Materialien und Installationen.

HOUSE, RICHTERSWIL
2021

The 1920s workers' house has been rethought with modest means but radical spatial interventions. Instead of additive principles, subtractive strategies are used here. Decaying components and rooms were removed in favour of generous spatial connections. Different reinterpretations of the former floor plan are shown over three floors around the backbone of the new building services: an enfilade on the ground floor, a fragmentary chambered floor plan on the middle floor and an open space in the attic. The orchestrated details dignify the raw and functional materials and installations.

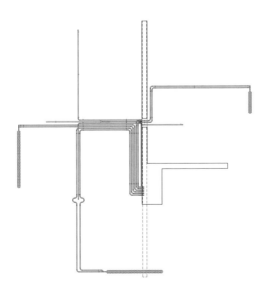

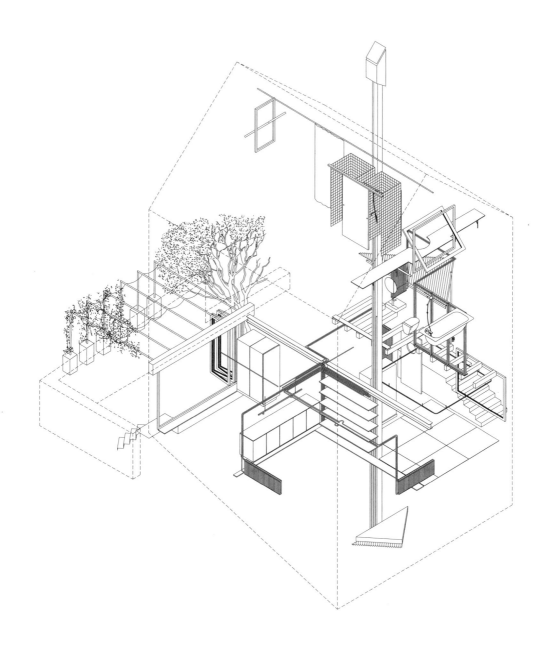

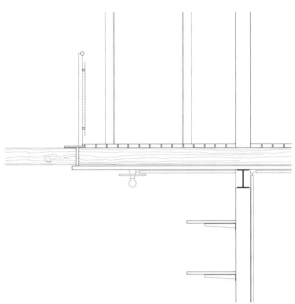

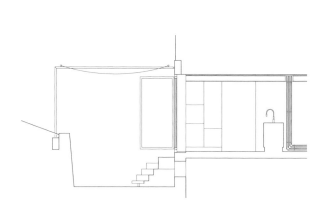

HAUS, ZUG
2022–

In dem 650 Jahre alten Haus am Eingang der Zuger Altstadt finden sich infolge einer Vielzahl historischer Anpassungen, Umbauten und Zusammenlegungen weder ein dominanter Bauzustand noch klare Strukturen. Die Strategie der Subtraktion erlangt hier eine raumbildende Bedeutung, da sich heute – nach einer Phase des behutsamen Wegnehmens – unerwartete Räume eröffnen. So gesehen ist das erste von drei Projekten abgeschlossen und das Haus «zwischen den Zeiten» gefunden. Es folgen strukturelle Ertüchtigungen und leichte Einbauten, die den Bau auf die nächsten Jahrzehnte, weitere Aneignungen und Interpretationen vorbereiten, ohne den Reichtum seiner Geschichte zu negieren.

HOUSE, ZUG
2022–

As a result of numerous historical adaptations, conversions and consolidations, the 650-year-old house at the entrance to Zug's Altstadt has neither a dominant structural condition nor well-defined structures. The strategy of subtraction assumes a space-creating dimension, since today – after a phase of careful removal – unexpected spaces open up. Seen in this light, the first of three projects is complete and a house "between times" has been found. Structural upgrades and light built-in components will prepare the building for the coming decades, for further occupations and interpretations, without negating the richness of its history.

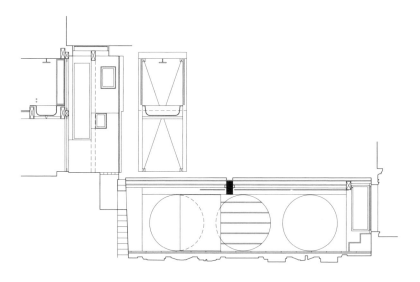

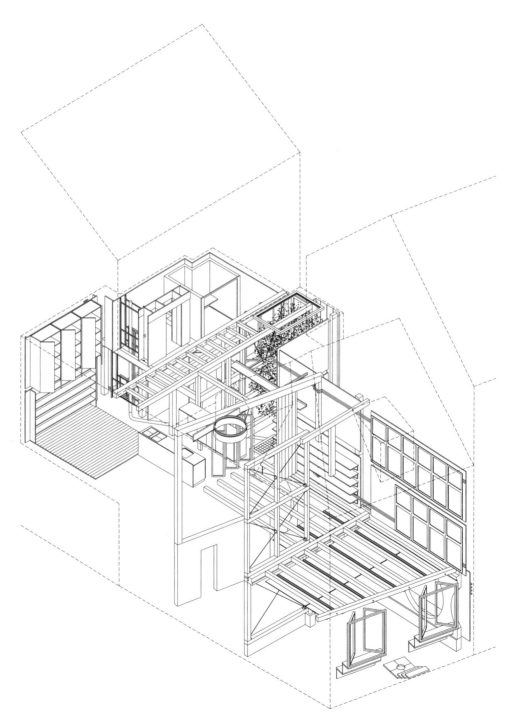

BÜRO H190, ZÜRICH
2022

Der runde Büroturm an der Zürcher Hohlstrasse weist eine gleichermassen rigide wie präzise Struktur auf. 20 auf Dreiviertel des Kreises verteilte Fenster schaffen ein Panorama von Sonnenauf- bis Sonnenuntergang und verleihen den Räumen eine allseitige Offenheit. Der Umbau akzeptiert die dominante Geometrie und knüpft über unvermittelte Überlagerungen autonomer, geometrischer Funktionen an die Autonomie des Baus an. Während die eigens für den Raum entwickelten Möblierungen und Akustikvorhänge die Radialität bestätigen, setzen der Deckenspiegel und die Beleuchtung ein kartesianisches Raster dagegen.

H190 OFFICE, ZURICH
2022

The round office tower on Zurich's Hohlstrasse has a rigid and precise structure. 20 windows distributed over three quarters of the circle create a panorama from sunrise to sunset and lend the rooms a multidirectional openness. The conversion accepts the dominant geometry and links to the autonomy of the building through the unmediated superimposition of autonomous, geometric functions. While the furnishings and acoustic curtains developed specially for the space confirm its radiality, the ceiling plan and lighting oppose it with a Cartesian grid.

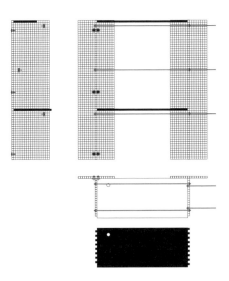

QUART

HIGHLIGHTS

2023 /2

Feine Fassaden
Tektonik Schweizer Stadthäuser

Form und Widerstand bilden die Essenz aller architektonischer Arbeit. Besonders offensichtlich lässt sich das Wechselspiel von Wirkung und Machart an Fassaden ablesen. Sie orchestrieren den Übergang zwischen Innen und Aussen, sie zeitigen die zugrundeliegende Haltung, wie sich Bauwerke zur Umgebung verhalten. In ihrer Artikulation von Technik und Ästhetik, Tragen und Lasten, Proportion und Zweckmässigkeit sowie Rhythmik und Materialität sind sie zugleich Spiegel wechselnder Produktionsverfahren und gesellschaftlicher Wertesysteme.

Architekt Lando Rossmaier untersuchte mit Studierenden der Hochschule Luzern die Bandbreite architektonischer Konstruktions- und Ausdrucksmöglichkeiten von Schweizer Stadthausfassaden. Mit der vorliegenden Anthologie stellt er eine Auswahl von 86 Bauten des 20. Jahrhunderts und bis heute zur Verfügung, die in ihrer Tektonik feinfühlig gearbeitet wurden und dem urbanen Lebensgefühl seit Jahrzehnten Hintergrund sind.

Herausgegeben von:
Lando Rossmaier, Karin Ohashi

244 Seiten, 20,6 × 32 cm
101 Abbildungen,
86 Axonometrien
Hardcover, fadengeheftet
deutsch ISBN 978-3-03761-278-1
CHF 68.– / EUR 62,–

Feine Fassaden
Tektonik Schweizer Stadthäuser

Form and resistance are the essence of all architectural work. This is especially clear in the interaction between the effect and construction method of façades. They orchestrate the transition between interior and exterior worlds; they manifest the underlying approach and the way buildings behave towards their surroundings. In their articulation of engineering and aesthetics, supporting and loads, proportion and practicality, and rhythm and materiality, they reflect both varying production methods and social value systems.

The architect Lando Rossmaier worked with students at the University of Lucerne to study the range of architectural means of construction and expression with respect to Swiss townhouse façades. This anthology presents a selection of 86 buildings with sensitively developed tectonics, dating from the 20th century to the present day, all of which have formed a backdrop for an urban way of life for decades.

Edited by: Lando Rossmaier,
Karin Ohashi

244 pages, 20.6 × 32 cm
101 images,
86 axonometric diagrams
Hardback, thread-stitched
German ISBN 978-3-03761-278-1
CHF 68.00 / EUR 62.00

Pfluggässlein 3, Basel

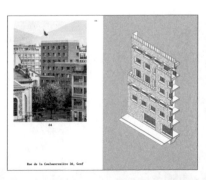

Rue de la Coulouvrenière 26, Genf

ARCHITEKTUR MACHEN
SCHWEIZER ARCHITEKTUR-SCHAFFENDE IM GESPRÄCH

ROGER BOLTSHAUSER
CHRISTIAN KEREZ
BUCHNER BRÜNDLER
BAUBÜRO INSITU
LÜTJENS PADMANABHAN
DETOUR UNIVERSE
GIGON GUYER
STEFAN WÜLSER   QUART

120 Seiten, 20 × 26 cm
57 Abbildungen, 10 Pläne
Leinenband, fadengeheftet
deutsch
ISBN 978-3-03761-282-8
CHF 48.– / EUR 48,–

120 pages, 20 × 26 cm
57 illustrations, 10 plans
Cloth-bound, thread-stitched
German
ISBN 978-3-03761-282-8
CHF 48.00 / EUR 48.00

Architektur machen
Schweizer Architekturschaffende im Gespräch

In insgesamt acht Interviews mit Schweizer Architekten und Architektinnen wird der Entwurfsprozess erörtert. In den Gesprächen geht es um die Bedeutung, die die Architektur für die Entwerfenden hat, wie an eine Aufgabe herangegangen wird, um den Wert des Bildes, den Umgang mit Gesetzen und darum, wie die Herausforderungen des Klimawandels gehandhabt werden. Die Texte geben spannende Einblicke in das Schaffen der Architekturschaffenden. Geführt wurden die Interviews mit Barbara Buser (Baubüro Insitu), Andreas Bründler (Buchner Bründler Architekten), Christian Kerez, Roger Boltshauser, Oliver Lütjens und Thomas Padmanabhan, Annette Gigon (Gigon Guyer), Steffen Hägele und Tina Küng (DU Studio) sowie Stefan Wülser. In den unterschiedlichen und teilweise gegensätzlichen Haltungen der Architekturschaffenden offenbart sich, was Architektur alles sein kann und wie viele verschiedene Zugänge sie hat.
Ergänzt werden die acht Interviews durch Abbildungen und Pläne, die spielerisch auf die thematisierte Architektur verweisen.

Architektur machen
Schweizer Architekturschaffende im Gespräch

Swiss architects discuss the design process in a total of eight interviews. The interviews focus on the importance of architecture for the designers, how a task is approached, the value of the image, how building laws are addressed and how the challenges of climate change are handled. The texts provide fascinating insights into the work of the architects. The interviews were conducted with Barbara Buser (Baubüro Insitu), Andreas Bründler (Buchner Bründler Architekten), Christian Kerez, Roger Boltshauser, Oliver Lütjens and Thomas Padmanabhan, Annette Gigon (Gigon Guyer), Steffen Hägele and Tina Küng (DU Studio) and Stefan Wülser. The different and sometimes contradictory attitudes of the architects reveal what architecture can be and how many different approaches there are.
The eight interviews are supplemented by illustrations and plans that playfully refer to the architecture discussed.

Hotel Palace Luzern – Denkmalpflegerische Erneuerung
Iwan Bühler Architekten

1906 wurde das Hotel Palace an der prominenten Luzerner Quai-Promenade nach Plänen von Heinrich Meili-Wapf – einem der wichtigsten Luzerner Architekten jener Zeit – erstellt. Das wie aus einem Guss entstandene mächtige Gebäude wurde sowohl aufgrund seiner fortschrittlichen Bau- und Gebäudetechnik als auch wegen seiner architektonischen Gestaltung zu einem der in der Schweiz wichtigsten Hotelbauten seiner Zeit.

Nach mehreren zeittypischen Umbauten im Inneren wurde das Gebäude 2018–2022 durch den Luzerner Architekten Iwan Bühler einer umfassenden sorgfältigen denkmalpflegerischen Erneuerung unterzogen. Das Ergebnis zeichnet sich aus durch einen optimalen Erhalt der bestehenden Substanz, das Aufdecken und Wiederherstellen der vielmals differenzierten, feinsinnigen Qualitäten und des Reichtums des ursprünglichen Bauwerks sowie durch behutsame, nutzungsbedingte Erneuerungen einzelner Teile im und am Gebäude.

Herausgegeben von:
Iwan Bühler
Textbeiträge: Iwan Bühler,
Cony Grünenfelder,
Peter Omachen u.a.

136 Seiten, 22,5 × 29 cm
135 Abbildungen, 31 Pläne
Leinenband, fadengeheftet
deutsch/englisch
ISBN 978-3-03761-267-5
CHF 68.– / EUR 62,–

Hotel Palace Lucerne – Heritage Renovation
Iwan Bühler Architekten

In 1906, the Hotel Palace was built along Lucerne's prominent Quai Promenade according to plans by Heinrich Meili-Wapf – one of the most important Lucerne architects of the time. The mighty building, which appears as if it were developed out of a single block, is regarded as one of the most important Swiss hotel developments of its time, both due to its pioneering construction and building technology, and due to its architectural design.

After several interior conversions that were typical for the times of their implementation, the building was carefully and comprehensively renewed by the Lucerne-based architect Iwan Bühler between 2018 and 2022, taking aspects of monument preservation into account. This demanded ideally preserving the existing building fabric, while revealing and reproducing the building's often differentiated and subtle qualities, as well as the wealth of the original building. The work also included carefully renewing individual elements inside and outside the building to accommodate current utilisation.

Edited by: Iwan Bühler
Articles by: Iwan Bühler,
Cony Grünenfelder,
Peter Omachen et al.

136 pages, 22.5 × 29 cm
135 images, 31 plans
Cloth-bound, thread-stitched
German/English
ISBN 978-3-03761-267-5
CHF 68.00 / EUR 62.00

Peter Märkli. Everything one invents is true

Peter Märkli zählt seit den frühen 1980er-Jahren zweifellos zu den markantesten Deutschschweizer Architekten der ersten Stunde. Seine einprägsamen Bauten lassen sich jedoch nicht leicht in das Schema dieser Architekturbewegung einordnen. Zu sehr sind die einzelnen Bauwerke intensiv bearbeitete Individuen, die einer fortdauernden Bewegung des Suchens folgen. Immer eröffnen sie eigenständig und eindringlich Verbindungen der Geschichte der Architektur mit dem Impetus einer zeitüber-dauernden Gültigkeit.

Im vorliegenden Band sind 17 Bauten der letzten 15 Jahre mit Texten, Plänen und Abbildungen ausführlich dargestellt. Ergänzt wird die bemerkenswerte Werkdarstellung mit erhellenden Essays von Florian Beigel & Philip Christou, Franz Wanner und Ellis Woodman. Ein spannendes Interview mit Peter Märkli von Elena Markus und einzelne Statements des Architekten runden die eindrückliche Sammlung ab.

Herausgegeben von Pamela Johnston

Textbeiträge: Florian Beigel & Philip Christou, Pamela Johnston, Peter Märkli, Elena Markus, Franz Wanner, Ellis Woodman

240 Seiten, 29 × 29 cm
178 Abbildungen, 75 Pläne, 101 Zeichnungen
Hardcover, fadengeheftet
CHF 138.– / EUR 126,–
englisch ISBN 978-3-03761-138-8 (eingelegtes Booklet deutsch)
englisch ISBN 978-3-03761-139-5 (eingelegtes Booklet japanisch)

Peter Märkli. Everything one invents is true

Since the early 1980 s, Peter Märkli has been one of the most striking protagonists of German Swiss architecture from the earliest period of its emergence. However his impressive buildings cannot be easily classified in the scheme of this architectural movement, since the individual buildings are intensely developed individuals that follow the continuous movement of seeking. They always open up connections with the history of architecture in an independent, powerful way and express the impetus of timeless validity.

This volume presents 17 buildings in detail from the last 15 years with texts, plans and images. The remarkable presentation of works is complemented by enlightening essays by Florian Beigel & Philip Christou, Franz Wanner and Ellis Woodman. An exciting interview with Peter Märkli by Elena Markus and individual statements by the architects round off the impressive collection.

Edited by: Pamela Johnston

Articles by: Florian Beigel & Philip Christou, Pamela Johnston, Peter Märkli, Elena Markus, Franz Wanner, Ellis Woodman

240 pages, 29 × 29 cm
178 illustrations, 75 plans, 101 sketches
Hardback, stitched
CHF 138.00 / EUR 126.00
English ISBN 978-3-03761-138-8 (German in an inserted booklet)
English ISBN 978-3-03761-139-5 (Japanese in an inserted booklet)

Gion A. Caminada – Cul zuffel e l'aura dado

Von Gion A. Caminada ist in der bündnerischen Surselva ein architektonisches Werk entstanden, das wie kein anderes unmittelbar in
den ökonomischen, geografischen und bautechnischen Prämissen
eines Ortes und den Lebensgewohnheiten seiner Bevölkerung be-
dingt ist.
Die neue Buchausgabe umfasst die Texte und die Projektsammlung
des Bandes Cul zuffel e l'aura dado und ist erweitert um eine Auswahl
der neueren Projekte seit 2005.
Herausgegeben von: Bettina Schlorhaufer
Fotos: Lucia Degonda
Textbeiträge: Gion A. Caminada, Jürg Conzett, Bettina Schlorhaufer,
Peter Schmid, Martin Tschanz, Peter Rieder, Walter Zschokke

2., mit neuen Projekten erweiterte
Auflage des Bandes Cul zuffel
e l'aura dado

296 Seiten, 22,5 × 29 cm
296 Abbildungen, 214 Skizzen/Pläne
Hardcover, fadengeheftet
CHF 138.– / EUR 126,–
deutsch/englisch
ISBN 978-3-03761-114-2

Gion A. Caminada – Cul zuffel e l'aura

Gion A. Caminada has produced architectural work in Surselva,
Grisons that is unique in being directly determined by the
ecological, geographical and structural engineering premises
of the location and the lifestyles of its population.
The new edition includes the texts and project collection of
Cul zuffel e l'aura dado and is extended to include a selection
of more recent projects since 2015.
Edited by: Bettina Schlorhaufer.
Photos: Lucia Degonda
Articles by: Jürg Conzett, Peter Schmid, Peter Rieder,
Walter Zschokke

2nd edition of Cul zuffel e l'aura
dado, extended to include new
projects

296 pages, 22.5 × 29 cm
296 illustrations,
214 sketches/plans
Hardback, stitched
CHF 138.00 / EUR 126.00
German/English
ISBN 978-3-03761-114-2

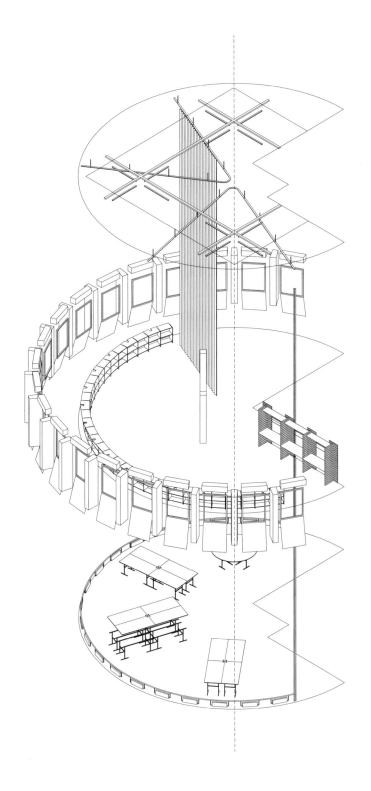

SIEDLUNG, TAGELSWANGEN
2022–

Die Siedlung verfolgt den Anspruch gesamtheitlicher Zukunftsfähigkeit. Die Bauweise ist an die voranschreitende Klimaveränderung angepasst und die anstehende Mobilitätswende wird durch oberirdische PKW-Lauben antizipiert, die später umfunktioniert werden können. Das spezifische System eines additiven, aus Kleinstquerschnitten erstellten Massivholzskelettbaus mit schweren Beplankungen aus Lehmbauplatten ermöglicht feine Abtreppungen in zwei Richtungen und die sanfte Einbettung in die Topografie. Das polymetrische Raster und die dichte Raumorganisation spielen in den suffizienten Wohnungen mit nutzungsneutralen Individualzimmern überraschend grosse Wohnhallen frei.

HOUSING, TAGELSWANGEN
2022–

The project is conceived with a holistic approach to future viability. The construction materials are adapted to advancing climate change and the upcoming mobility shift is anticipated by covered above-ground parking spaces that can be later converted to another use. A specific system composed of an additive solid timber skeleton made of very small cross-sections with heavy clay-board planking facilitates fine stepping in two directions and embeds gently in the topography. The polymetric grid and the dense spatial organisation reveal surprisingly large living spaces for the efficient flats, where the individual rooms are neutral in terms of use.

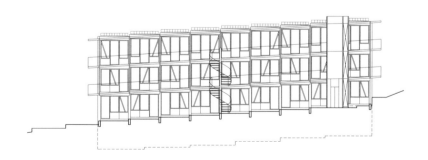

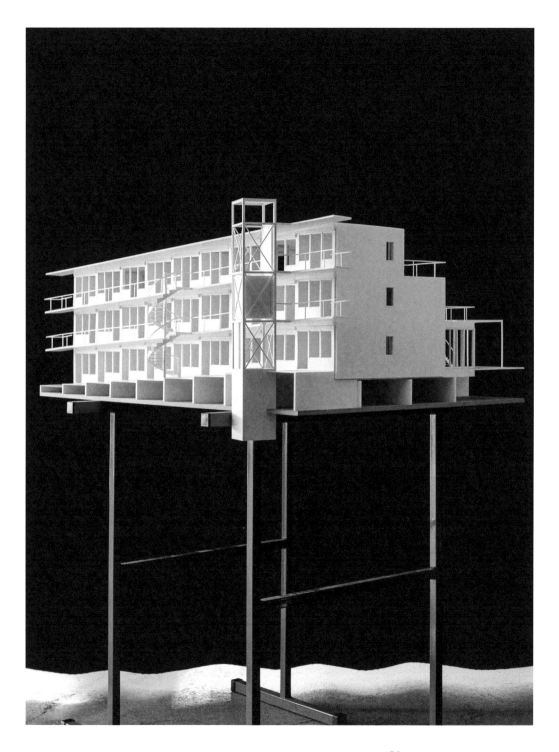

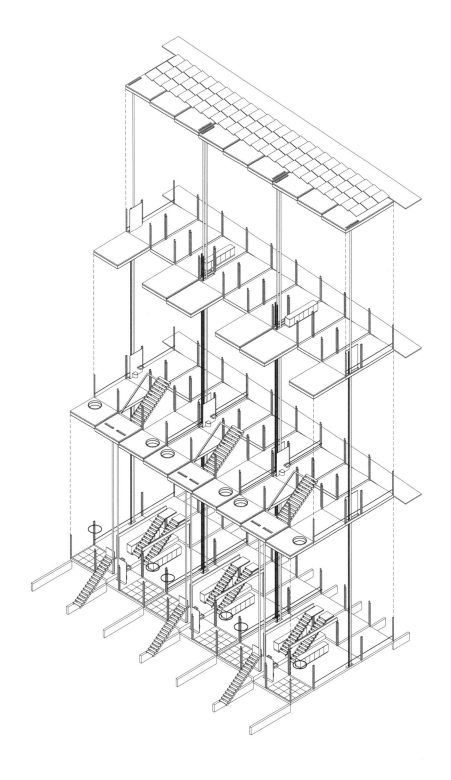

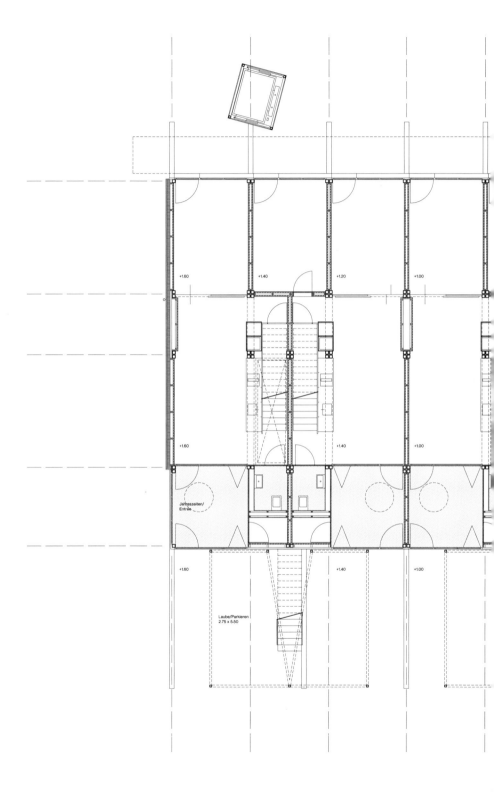

+1.60   +1.40   +1.20   +1.00

+1.60   +1.40   +1.00

Jahreszeiten/
Entrée

+1.60   +1.40   +1.00

Laube/Parkieren
2.75 x 5.50

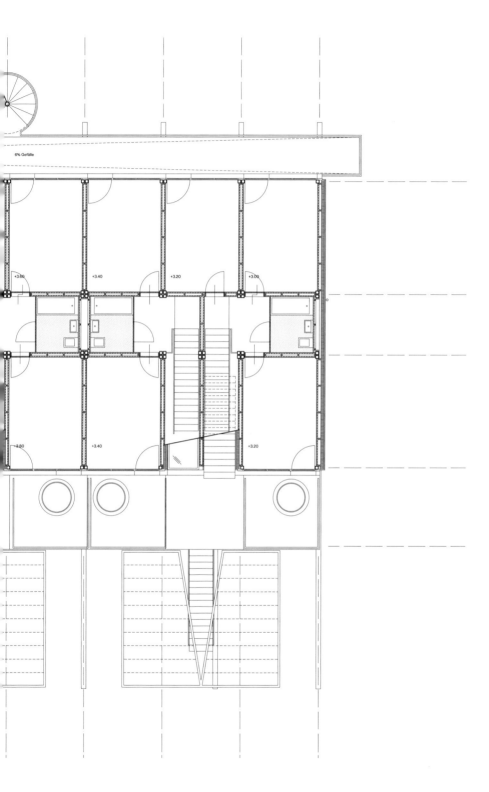

6% Gefälle

+3.60   +3.40   +3.20   +3.00

+3.80   +3.40   +3.20

WERKVERZEICHNIS
Auswahl von Bauten und Projekten

Das «+» im Firmennamen steht für eine konsequent offene, kollaborative, transdisziplinäre und mutige Architekturpraxis.

2019– 1   Haus, Windisch
                + Nicolaj Bechtel
        2   Weinbar Zinnengasse, Zürich
                + Nicolaj Bechtel
        3   Maisonette im Haus von Hans Zwimpfer, Basel
                + Nicolaj Bechtel
             Studie Dichtesprung, Amt für Städtebau der Stadt Zürich
                + Nicolaj Bechtel
             Composing Space @ Zeiträume Festival 2018, Basel
                + Studierende FHNW & Musikakademie Basel
        4   Studie Aufstockung, Basel
        5   Wettbewerb Haus Eber, Zürich
                + Didier Balissat

1

2020   Haus, Bassersdorf
                + Schnetzer Puskas + Holzprojekt + Raumanzug
             Studie Haus, Weggis
             Studie Mehrfamilienhaus, Küssnacht am Rigi
        6   Fotografische Dokumentation Garage Gambetta, Grasse

2021   Haus, Richterswil
        7   Studie Siedlung Oberhueb, Zollikon
                + Goldrand + Schnetzer Puskas
             Studie Entwicklungspotenzial Binz, Zürich
             Studie Un-Tiny

2022   Prototyp Solarpavillon, Weesen
             Büro H190, Zürich
        8   Möbelserie H190
        9   Beitrag zur Biennale Del Territorio, Lugano
                + Bessire Winter
             Szenografie für Monika Truong @ Trinity Arts, Bristol,
                Vereinigtes Königreich
        10   Szenografie für Monika Truong @ Gessnerallee, Zürich
                + Bessire Winter + DU Studio
             Wettbewerb Stadthotel, Triemli (ex aequo 1. Preis)
                + Bessire Winter + Grillo Vasiu

2

Laufende Projekte
             Haus, Zug
        11   Haus, Weesen
                + IHT + Basler Hoffmann
        12   Siedlung Klosterbrühl, Wettingen (1. Preis)
                + Galli Rudolf + Konstrukt. + HKP + Krebs & Herde
                (+ Nicolaj Bechtel bis 2019)
        13   Installation am Swiss Art Award 2023
             Haus, Winterthur
        14   Flarzhaus, Uster
                + Ballisat Kacani
             Siedlung Alter Kirchweg, Tagelswangen
                + Holzprojekt HBI + Lorenz Eugster LA
        15   Pavillon Zero, Horw
                + Hochschule Luzern + Oxara

3

4

5

LIST OF WORKS
Selection of buildings and projects

The "+" in the company name signifies a thoroughly open, collaborative, transdisciplinary and brave architecture practice.

2019	1	House, Windisch
		+ Nicolaj Bechtel
	2	Zinnengasse wine bar, Zurich
		+ Nicolaj Bechtel
	3	Maisonette in a Hans Zwimpfer house, Basel
		+ Nicolaj Bechtel
		Study, Dichtesprung, Amt für Städtebau der Stadt Zürich
		+ Nicolaj Bechtel
		Composing Space, Zeiträume Festival 2018, Basel
		+ Students of the FHNW & Musikakademie Basel
	4	Study, roof extension, Basel
	5	Competition, Eber house, Zurich
		+ Didier Balissat
2020		House, Bassersdorf
		+ Schnetzer Puskas + Holzprojekt + Raumanzug
		Study, house, Weggis
		Study, multi-family building, Küssnacht am Rigi
	6	Photographic documentation, Garage Gambetta, Grasse
2021		House, Richterswil
	7	Study, Oberhueb housing, Zollikon
		+ Goldrand + Schnetzer Puskas
		Study, Binz development potential, Zurich
		Study, Un-Tiny
2022		Solar pavilion prototype, Weesen
		Office, H190, Zürich
	8	Furniture design, H190
	9	Entry, Biennale Del Territorio, Lugano
		+ Bessire Winter
		Scenography for Monika Truong, Trinity Arts, Bristol (UK)
	10	Scenography for Monika Truong, Gessnerallee, Zurich
		+ Bessire Winter + DU Studio
		Competition, city hotel, Triemli (ex aequo 1st Prize)
		+ Bessire Winter + Grillo Vasiu

Current projects

		House, Zug
	11	House, Weesen
		+ IHT + Basler Hoffmann
	12	Housing, Klosterbrühl, Wettingen (1st Prize)
		+ Galli Rudolf + Konstrukt. + HKP + Krebs & Herde
		(+ Nicolaj Bechtel until 2019)
	13	Installation, Swiss Art Award 2023
		House, Winterthur
	14	Flarzhaus, Uster
		+ Ballisat Kacani
		Housing, Alter Kirchweg, Tagelswangen
		+ Holzprojekt HBI + Lorenz Eugster LA
	15	Zero pavilion, Horw
		+ Hochschule Luzern + Oxara

STEFAN WÜLSER

1998–2002	Berufslehre und Berufsmaturität
2002–2007	Architekturstudium an der Hochschule Luzern (HSLU)
2008	Workshops an der AA – Architectural Association London
	Mitarbeit in der Architekturgalerie Luzern
2009–2014	Mitarbeit bei Frei + Saarinen Architekten
2015	Mitarbeit bei Galli Rudolf Architekten
2012–2013	Assistenz bei Gastprofessor Winy Maas Eidgenössische Technische Hochschule Zürich (ETHZ) & Technische Universität Delft
2014–2016	Assistenz bei Professor Dominique Salathé & Luca Selva an der Fachhochschule Nordwestschweiz FHNW
2015	Bürogründung Wülser Bechtel Architekten mit Nicolaj Bechtel
2016–2018	Dozent an der Fachhochschule Nordwestschweiz (FHNW)
2020	Wilde Karte, Förderpreis Hochparterre
	Bürogründung Stefan Wülser +
2020–	Dozent an der Hochschule Luzern (HSLU) Gastkritiken an der Eidgenössischen Technischen Hochschule Zürich (ETHZ), an der Haute école d'art et de design (HEAD) Genf, an der Fachhochschule Nordwestschweiz (FHNW) u.a. Vorträge an der Internationalen Universität (IUAV) in Venedig, beim Young European Architecture Happening (YEAH!) in Esch-sur-Alzette, an der Fachhochschule (FH) Coburg, beim Architekturforum Zürich u.a.
2023	Einladung zu F/A Fake Authentic bei der Mailänder Designwoche
	Finalist Swiss Art Award SAA – Architektur

6

AKTUELLE MITARBEITENDE

Mona Fögler, Architektin Msc.
Julian Grädel, Architekt Msc.
Agnieszka Łatak, Architektin Msc.
Daria Ryffel, Architektin Msc.
Riccardo Simioni, Architekt Msc.
Moritz Wahl, Architekt Msc.

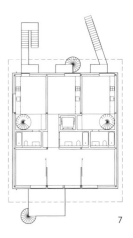

7

EHEMALIGE MITARBEITENDE

Rogier Bos, Architekt Msc.
Geraldine Burger, Architektin Msc.
Ileana Crim, Cand. Architektin Msc.
Héloise Dussault-Cloutier, Cand. Architektin Msc.
Samuel Fuchs, Cand. Architekt Msc.
Alice Francesconi, Architektin Msc.
Jan Helmchen, Architekt Msc.
Daniel Klinger, Dipl.Ing. Architekt
Margarida Leão, Architektin Msc.
Johanna Scherrer, Cand. Architektin Msc.

STEFAN WÜLSER

1998–2002	Vocational education and diploma
2002–2007	Architectural studies at the Lucerne University of Applied Sciences and Arts (HSLU)
2008	Workshops at the Architectural Association, London Worked at the Architekturgalerie Luzern
2009–2014	Worked with Frei + Saarinen Architekten
2015	Worked with Galli Rudolf Architekten
2012–2013	Assistant to visiting professor Winy Maas at the ETH Zurich & TU Delft
2014–2016	Assistant to professors Dominique Salathé and Luca Selva at the University of Applied Sciences and Arts Northwestern Switzerland FHNW
2015	Founded Wülser Bechtel Architekten with Nicolaj Bechtel
2016–2018	Lecturer at the FHNW
2020	Winner of the Wilde Karte grant award from Hochparterre Founded Stefan Wülser +
2020–	Lecturer at the HSLU Guest critic at the ETH Zurich, the Haute école d'art et de design (HEAD) Geneva, at the FHNW, among others Lecturer at the International University in Venice at the Young European Architecture Happening (YEAH!) in Esch-sur-Alzette, Luxemburg, at the Coburg University of Applied Sciences and Arts, the FHNW, the HEAD, the Berner Fachhochschule (BFH) Burgdorf and the Architekturforum Zürich, among others
2023	Invitiation to F/A Fake Authentic at the Milan Design Week Finalist, Swiss Art Award SAA – Architecture

8

9

CURRENT COLLEAGUES

Mona Fögler, MSc Architecture
Julian Grädel, MSc Architecture
Agnieszka Łatak, MSc Architecture
Daria Ryffel, MSc Architecture
Riccardo Simioni, MSc Architecture
Moritz Wahl, MSc Architecture

FORMER COLLEAGUES

Rogier Bos, MSc Architecture
Geraldine Burger, MSc Architecture
Ileana Crim, Cand. MSc Architecture
Héloise Dussault-Cloutier, Cand. MSc Architecture
Samuel Fuchs, Cand. MSc Architecture
Alice Francesconi, MSc Architecture
Jan Helmchen, MSc Architecture
Daniel Klinger, Dipl.Ing. Architecture
Margarida Leão, MSc Architecture
Johanna Scherrer, Cand. MSc Architecture

10

BIBLIOGRAFIE (AUSWAHL)

2018   Stefan Wülser, «What If? Eine Zuschrift», in:
            Werk, Bauen + Wohnen Online, 8. Mai: https://
            www.wbw.ch/de/online/werk-notiz/nutzung-stadtraum.
            html?search_term=Stefan%20W%C3%BClser (zuletzt
            abgerufen: 31. Juli 2023)
            Stefan Wülser, «Nonkonform weiterdenken», in: *Werk,
            Bauen + Wohnen Online*, 16. November: https://
            www.wbw.ch/de/online/jas-junge-architektur-schweiz/
            stefan-wuelser-zuerich.html?search_term=Stefan%20
            W%C3%BClser (zuletzt abgerufen: 31. Juli 2023)
            «Besondere Nennung. Stefan Wülser + Nicolaj Bechtel
            Zürich. Umbau Wohnhaus» [Haus, Windisch], in:
            Der beste Umbau. Architekturpreis, Schlieren, S. 40–43
            «Reichtum durch ‹Darüberbauen›. Matthieu Wellner
            und Elias Baumgarten im Gespräch mit Stefan Wülser
            und Nicolaj Bechtel über den Umbau eines Wohnhauses
            in Windisch», in: *Archithese*, Nr. 1: *Swiss Performance
            2018*, S. 44–52
2019   Stefan Wülser, «Junges Denken», in: *Trans*, Nr. 34,
            Februar, S. 63–68
            Stefan Wülser, «Vermeintliche Einfachheit. Über den
            Umgang mit einer komplexen Welt», in: *Archithese*,
            Nr. 4: *Kreis*, S. 74–81
2020   Stefan Wülser, «Der Hammer, der tote Winkel, die
            Wellen», in: *Trans*, Nr. 35: *Bruch*, S. 161–165
2021   Christine Dietrich / Stefan Wülser, «Am Start», in:
            ARCH, Januar, S. 42
2022   «Stefan Wülser Architektur, Zürich. Umbau
            Einfamilienhaus» [Haus, Bassersdorf], in: *Der beste
            Umbau. Architekturpreis*, Schlieren, S. 78–83
            «Performative Collage. Umbau Einfamilienhaus,
            Bassersdorf», in: *Arc Mag*, Nr. 15/4, S. 104–111
            Interview, in: Gianpiero Venturini (Hrsg.), *Emerging
            European Practices*, Madrid, S. 109–112
            Stefan Wülser, «Nie und Immer. Eine persönliche
            Auseinandersetzung mit Wahrnehmung und
            Gegenwart», in: *Lila Strauss*, Nr. 4, Mai, S. 10–13
            «Performative Bauteile – oder: Die Suche nach
            räumlicher Komplexität» [Haus, Bassersdorf], siehe:
            https://www.swiss-architects.com/de/architecture-
            news/bau-der-woche/performative-bauteile-oder-die-
            suche-nach-raumlicher-komplexitat (zuletzt abgerufen:
            31. Juli 2023)
            Mirjam Kupferschmid, «Zwischen Fensterläden und
            Heizleitungen» [Haus, Richterswil], in: *Hochparterre*
            Nr. 3, S. 58
            Steffen Hägele, «Im Unbestimmten» [Haus,
            Richterswil], in: *Werk, Bauen + Wohnen*, Nr. 3, S. 32–38
2023   Interview, in: Silvano Ursella (Hrsg.), *Schweizer
            Architektur im Gespräch*, Luzern, S. 94–107
            Caspar Schärrer, «Comeback der Architektur»
            [Wettbewerb Stadthotel, Triemli], in: *Hochparterre
            Wettbewerbe*, Januar, S. 92

11

12

13

BIBLIOGRAPHY (SELECTION)

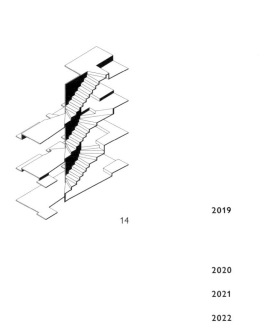

14

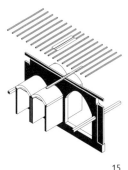

15

2018	Stefan Wülser: "What If? Eine Zuschrift". In: *Werk, Bauen + Wohnen Online*: https://www.wbw.ch/de/online/werk-notiz/nutzung-stadtraum.html?search_term=Stefan%20W%C3%BClser (last accessed: July 31, 2023) Stefan Wülser: "Nonkonform weiterdenken". In: *Werk, Bauen + Wohnen Online*: https://www.wbw.ch/de/online/jas-junge-architektur-schweiz/stefan-wuelser-zuerich.html?search_term=Stefan%20W%C3%BClser (last accessed: July 31, 2023) "Besondere Nennung. Stefan Wülser + Nicolaj Bechtel Zürich. Umbau Wohnhaus" [House, Windisch]. In: *Der beste Umbau. Architekturpreis*, Schlieren, p. 40–43 "Reichtum durch 'Darüberbauen'. Matthieu Wellner und Elias Baumgarten im Gespräch mit Stefan Wülser und Nicolaj Bechtel über den Umbau eines Wohnhauses in Windisch". In: *Archithese*, No. I, p. 44–52
2019	Stefan Wülser: "Junges Denken". In: *Trans*, No. 34, p. 63–68 Stefan Wülser: "Vermeintliche Einfachheit. Über den Umgang mit einer komplexen Welt". In: *Archithese*, No. 4, p. 74–81
2020	Stefan Wülser: "Der Hammer, der tote Winkel, die Wellen". In: *Trans*, No. 35 p. 161–165
2021	Christine Dietrich / Stefan Wülser: "Am Start". In: *ARCH*, January, p. 42
2022	"Stefan Wülser Architektur, Zürich. Umbau Einfamilienhaus" [House, Bassersdorf]. In: *Der beste Umbau. Architekturpreis*, Schlieren, p. 78–83 "Performative Collage. Umbau Einfamilienhaus, Bassersdorf". In: *Arc Mag*, No. 15/4, p. 104–111 Interview. In: Gianpiero Venturini (Ed.): *Emerging European Practices*, Madrid, p. 109–112 Stefan Wülser: "Nie und Immer. Eine persönliche Auseinandersetzung mit Wahrnehmung und Gegenwart". In: *Lila Strauss*, No. 4, p. 10–13 "Performative Bauteile – oder: Die Suche nach räumlicher Komplexität" [House, Bassersdorf]. In: *swiss-architects.com*, https://www.swiss-architects.com/de/architecture-news/bau-der-woche/performative-bauteile-oder-die-suche-nach-raumlicher-komplexitat (last accessed: July 31, 2023) Mirjam Kupferschmid: "Zwischen Fensterläden und Heizleitungen" [House, Richterswil]. In: *Hochparterre*, No. 3, p. 58 Steffen Hägele: "Im Unbestimmten" [Haus, Richterswil]. In: *Werk, Bauen + Wohnen*, No. 3, p. 32–38
2023	Interview. In: Silvano Ursella (Ed.): *Schweizer Architektur im Gespräch*, Lucerne, p. 94–107 Caspar Schärrer: "Comeback der Architektur" [Competition, city hotel, Triemli]. In: *Hochparterre Wettbewerbe*, January, p. 92

Finanzielle und ideelle Unterstützung

Ein besonderer Dank gilt den Institutionen und Sponsorfirmen, deren finanzielle Unterstützungen wesentlich zum Entstehen dieser Buchreihe beitragen. Ihr kulturelles Engagement ermöglicht ein fruchtbares und freundschaftliches Zusammenwirken von Baukultur und Bauwirtschaft.

Financial and conceptual support

Special thanks to our sponsors and institutions whose financial support has helped us so much with the production of this series of books. Their cultural commitment is a valuable contribution to fruitful and cordial collaboration between the culture and economics of architecture.

ERNST GÖHNER STIFTUNG

Basler & Hofmann AG, Kriens

Füchslin Baugeschäft AG, Wädenswil

Hochschule Luzern – Technik & Architektur, Horw

holzprojekt AG, Luzern I Bern I Basel

Kaufmann AG, Goldau

ZABOROWSKY

Modellbau Zaborowsky GmbH, Zürich

SCHNETZER PUSKAS
INGENIEURE

Schnetzer Puskas Ingenieure AG, Zürich

SWISSPEARL

Swisspearl Schweiz AG, Niederurnen

Stefan Wülser +
51. Band der Reihe *Anthologie*
Herausgegeben von: Heinz Wirz, Luzern
Konzept: Heinz Wirz; Stefan Wülser +, Zürich
Projektleitung: Quart Verlag, Linus Wirz
Textbeitrag: Tibor Joanelly, Zürich
Objekttexte: Christoph Ramisch, Zürich; Stefan Wülser +
Textlektorat deutsch: Dr. Eva Dewes, Saarbrücken
Übersetzung deutsch – englisch: Nicholas Elliott, Berlin
Fotos: Stefan Wülser, ausser: Nicolaj Bechtel, Zürich, S. 56 (Nr. 1)
Redesign: BKVK, Basel – Beat Keusch, Angelina Köpplin-Stützle
Grafische Umsetzung: Quart Verlag Luzern
Lithos: Printeria, Luzern
Druck: DZA Druckerei zu Altenburg GmbH

Der Quart Verlag wird vom Bundesamt für Kultur für die Jahre 2021–2024 unterstützt.

Stefan Wülser +
Volume 51 of the series *Anthologie*
Edited by: Heinz Wirz, Lucerne
Concept: Heinz Wirz; Stefan Wülser +, Zurich
Project management: Quart Verlag, Linus Wirz
Article by: Tibor Joanelly, Zurich
Project descriptions: Christoph Ramisch, Zurich; Stefan Wülser +
German text editing: Dr. Eva Dewes, Saarbrücken
German – English translation: Nicholas Elliott, Berlin
Photos: Stefan Wülser, except: Nicolaj Bechtel, Zurich, p. 56 (No. 1)
Redesign: BKVK, Basel – Beat Keusch, Angelina Köpplin-Stützle
Graphic design: Quart Verlag Luzern
Lithos: Printeria, Lucerne
Printing: DZA Druckerei zu Altenburg GmbH

Quart Publishers is being supported by the Federal Office of Culture for the years 2021–2024.

Quart Verlag GmbH
Denkmalstrasse 2, CH-6006 Luzern
books@quart.ch, www.quart.ch